# NOTE

SUR

# UNE FAUNULE MALACOLOGIQUE

## GALLO-ROMAINE

TROUVÉE EN 1885 DANS LA NÉCROPOLE DE TRION

A LYON

LUE A L'ACADÉMIE DES SCIENCES, BELLES-LETTRES ET ARTS DE LYON

*Dans la séance du 16 juin 1885*

PAR

*ARNOULD LOCARD*


LYON
ASSOCIATION TYPOGRAPHIQUE
F. PLAN, rue de la Barre, 12.

1885


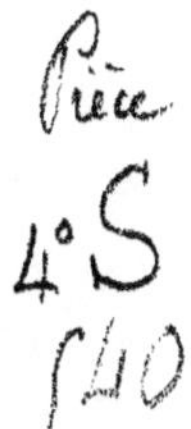

# NOTE

SUR

# UNE FAUNULE MALACOLOGIQUE

## GALLO-ROMAINE

TROUVÉE EN 1885 DANS LA NÉCROPOLE DE TRION

A LYON

LUE A L'ACADÉMIE DES SCIENCES, BELLES-LETTRES ET ARTS DE LYON

*Dans la séance du 16 juin 1885*

PAR

*ARNOULD LOCARD*

---

Dans les fouilles pratiquées au printemps de l'année 1885, sur le flanc sud de la colline de Fourvière, près la place de Trion, pour l'établissement de la gare des marchandises du chemin de fer de Lyon-Saint-Just à Vaugneray, une nécropole gallo-romaine des plus importantes a été mise au jour.

Suivant les remarquables études faites à ce sujet par le savant M. Allmer (1), cette nécropole remonterait à la fin du Ier siècle et était encore en place au Ve.

Parmi les innombrables débris de toutes natures recueillis dans les déblais avoisinant les tombes les plus anciennes, se trouvait un nombre considérable de coquillages appartenant à la faune marine méditerranéenne. Grâce aux patientes et

(1) Allmer. *In Mém. Acad. de Lyon*, classe des Lettres, t. XXIII.

persévérantes recherches de notre ami M. Dissart, directeur des Musées de Lyon, nous sommes parvenu à reconstituer une intéressante série de Gastéropodes et de Lamellibranches dont voici la liste :

1. *Helix pomatia,* Linné (1). — Assez commun; forme bien typique, de taille moyenne, absolument semblable aux sujets qui vivent actuellement dans la localité ou dans ses environs immédiats; c'est le seul Mollusque terrestre, ainsi que le suivant, dont l'origine soit absolument certaine.

2. *Helix pyrgia,* Bourguignat (2). — Rare; forme plus allongée que la précédente, et que nous n'avons pas retrouvée vivante dans la même station; nous en connaissons actuellement une colonie assez riche au sud de Lyon, entre Oullins et Saint-Genis-Laval.

3. *Cypræa tigris,* de Lamarck (3). — Un seul individu; sujet de grande taille, parfaitement adulte; le dos de la coquille, plus mince et plus fragile que le reste, a été brisé, de telle sorte que l'on en voit tout l'intérieur; cette espèce appartient à la faune de l'océan Indien.

4. *Murex brandaris,* Linné (4). — Assez commun; grands et beaux échantillons généralement bien conservés; la pointe du canal seule est brisée, mais les épines sont intactes.

5. *Murex trunculus,* Linné (5). — Un seul échantillon très bien conservé; ce n'est point ici la forme type si commune dans la Méditerranée, sur nos côtes, forme caractérisée par la présence, sur le dernier tour, de six à sept varices tuberculées saillantes, entre lesquelles il existe un second régime

(1) *Helix pomatia*, Linné, 1758, *Syst. nat.*, édit. X, p. 771.

(2) *Helix pyrgia*, Bourguignat, 1878, *Mss.* — 1882, *In* Locard, *Prodr. malac. franç.*, p. 53 et p. 305.

(3) *Cypræa tigris*, de Lamarck, 1844, *Anim. sans vert.*, 2me édit., X, p. 503.

(4) *Murex brandaris*, Linné, 1767, *Loc. cit.*, édit. XII, p. 1214.

(5) *Murex trunculus*, Linné, 1758, *Loc. cit.*, édit. X, p. 522.

de varices beaucoup moins fortes ; dans notre échantillon, on compte de douze à treize varices sur le dernier tour, et toutes ces varices sont égales ; nous connaissons cette variété qui, du reste, est beaucoup moins commune que le type, sur un assez grand nombre de points du littoral français méditerranéen.

6. *Tapes decussata,* Linné (1). — Assez rare ; plusieurs valves de grande taille de cette espèce si commune aujourd'hui sur les marchés de la Provence, et que l'on vend sous le nom de *clovisse* (2).

7. *Venus verrucosa,* Linné (3). — Une seule valve appartenant à un sujet de grande taille ; c'est la *praire-double* comestible de la Provence actuelle (4).

8. *Cardium tuberculatum,* Linné (5). — Très commun ; grandes et belles valves appartenant à deux variétés, l'une à côtes un peu étroites, l'autre à côtes plus larges, un peu méplanes en-dessus ; ces deux formes, surtout la dernière, se pêchent abondamment sur le littoral.

9. *Cardium echinatum,* Linné (6). — Commun ; échantillons de toutes tailles, mais les grandes formes dominent ; les épines latérales ont presque toutes disparu par suite de l'usure de la coquille ; quelques sujets tendent à être confondus comme galbe avec l'espèce précédente.

(1) *Venus decussata,* Linné, 1758, *Syst. nat.*, p. 1135.

(2) Il se fait aujourd'hui une grande consommation de cette espèce sur tout le littoral méditerranéen ; l'étang de Thau, près de Cette, en produit à lui seul, d'après M. Bouchon-Braudely, pour près de 150,000 fr., chaque année, et ne peut suffire aux besoins de la consommation. (*Rapp. repeuplement des eaux*, Paris, 1880, p. 73).

(3) *Venus verrucosa,* Linné, 1767, *Loc. cit.*, p. 110.

(4) On réserve le nom de praire simple au *Cardita sulcata,* Bruguière, (1789, *Encycl. méth.*, *Vers*, I, p. 405) ; la belle praire double se vend à Toulon jusqu'à 2 fr. 50 la douzaine. Si beaucoup de personnes la préfèrent à l'Huître aujourd'hui, on voit qu'il n'en était pas de même dans nos pays à l'époque romaine.

(5) *Cardium tuberculatum*, Linné, 1758. *Loc. cit.*, p. 673.

(6) *Cardium echinatum*, Linné, 1767, *Loc. cit.*, p. 1122.

10. *Cardium edule,* Linné (1). — Rare; quelques valves seulement, mais bien caractérisées; en général, de taille assez forte et d'un galbe régulier.

11. *Cardium Lamarcki,* Reeve (2). — Une seule valve en mauvais état, mais permettant cependant de reconnaître le type particulièrement oblique-transverse de cette espèce.

12. *Pectunculus violacescens,* de Lamarck (3). — Assez commun; échantillons de toutes tailles, mais les grandes formes dominent; les valves ont encore conservé en partie leur coloration violacée.

13. *Pectunculus glycimeris,* Linné (4). — Très commun; nombreux échantillons, en général de taille assez petite, bien reconnaissables de leurs congénères par leur forme oblique, avec leurs crochets faibles et arqués; les échantillons d'environ trois centimètres de diamètre sont de beaucoup les plus abondants.

14. *Pectunculus pilosus,* Linné (5). — Assez rare; quelques sujets de petite taille, mêlés aux *Pectunculus glycimeris,* reconnaissables à leur galbe plus équilatéral, et à leurs sommets plus déprimés dans leur ensemble.

15. *Pecten maximus,* Linné (6). — Commun; grands et beaux échantillons; les valves supérieures sont souvent brisées par le milieu suivant la direction des côtes; quelques-unes, dans le haut et bien au milieu, portent un petit trou de suspension bien arrondi.

16. *Pecten Jacobæus,* Linné (7). — Assez rare; plusieurs

(1) *Cardium edule,* Linné, 1767, *Syst. nat.*, édit. XII, p. 1124.

(2) *Cardium Lamarcki,* Reeve, 1845, *Conch. icon.*, *Cardium*, pl. XVIII, fig. 93.

(3) *Pectunculus violacescens,* de Lamarck, 1818, *Anim. sans vert.*, VI, p. 53.

(4) *Pectunculus glycimeris,* Linné, 1767, *Loc. cit.*, édit. XII, p. 1143.

(5) *Pectunculus pilosus,* Linné, 1767, *Loc. cit.*, p. 1143.

(6) *Ostrea maxima,* Linné, 1767, *Loc. cit.*, p. 1144.

(7) *Ostrea Jacobæa,* Linné, 1767, *Loc. cit.*, p. 1149.

fragments et une très belle valve inférieure de très grande taille, presque intacte.

17. *Pecten glaber*, Linné (1). — Assez commun ; échantillons de grande dimension, plus grands même que le type ordinaire actuel des côtes de Provence (2).

18. *Pecten sp. ind.* — Un fragment de la valve inférieure d'une grande espèce du groupe du *Pecten maximus*, mais avec une disposition de côtes toute différente ; à deux centimètres du sommet nous comptons cinq à six grosses côtes arrondies, alternant avec autant de côtes plus petites ; les espaces intercostaux sont garnis de trois à quatre côtes très fines, le tout recoupé par des stries transversales d'accroissement assez accusées et irrégulièrement réparties.

19. *Spondylus gæderopus*, Linné (3). — Un superbe échantillon complet, avec ses deux valves, d'un galbe un peu étroit, assez allongé, de taille moyenne ; les épines de la valve supérieure ont complètement disparu ; c'est le *Spondylus* ou Huître à épines de Pline.

20. *Ostrea edulis*, Linné (4). — Très commun ; échantillons de toutes tailles, valves supérieures et inférieures isolées ; quelques-unes atteignent de dix à douze centimètres de diamètre ; toutes ont un galbe circulaire ou subcirculaire et sont, en général, assez déprimées ; c'est la forme la plus typique de la Méditerranée sur nos côtes.

21. *Ostrea lamellosa*, Brocchi (5). — Un seul échantillon,

(1) *Ostrea glabra*, Linné, 1767, *Syst. nat.*, p. 1146.

(2) Un fait bien digne de remarque, c'est que l'examen général de cette petite faunule semblerait démontrer qu'à l'époque romaine le type spécifique était plus grand, plus fort que de nos jours ; il y aurait eu depuis cette époque une sorte de dégénérescence due, sans doute, en partie à un abus de la pêche ; ce même fait a déjà été observé dans les Kjökkenmödings du Danemarck (John Lubboch, 1867, *l'Homme avant l'histoire*, p. 182).

(3) *Spondylus gæderopus*, Linné, 1767, *Loc. cit.*, édit. XII, p. 1136.

(4) *Ostrea edulis*, Linné, 1767, *Loc. cit.*, p. 1148.

(5) *Ostrea lamellosa*, Brocchi, 1814, *Conch. foss. sub.*, II, p. 564.

dont il ne reste plus que le rostre caractéristique. On sait que cette espèce se pêche encore aujourd'hui dans le golfe d'Aigues-Mortes (1).

Tels sont les éléments de la petite faunule malacologique récoltée dans la nécropole de Trion. Ajoutons qu'à maintes reprises nos archéologues lyonnais ont également trouvé des coquilles d'Huîtres dans les fouilles pratiquées au voisinage d'autres tombeaux romains de la région (2). En examinant ces échantillons, deux questions se posent immédiatement à l'esprit : Dans quel but ont-ils été apportés à Lyon, et comment y sont-ils venus ? C'est ce que nous allons essayer d'examiner.

La plupart de ces espèces sont comestibles (3), et nous savons, par les textes anciens, combien les Romains étaient

(1) D'après M. Bouchon-Braudely (*Rapp. repeuplement des eaux*, Paris; 1880, p. 71), l'Huître se pêchait anciennement à Leucate, Narbonne, Cette, Port-de-Bouc, Aigues-Mortes, les îles d'Hyères, etc. ; plusieurs de ces colonies ont aujourd'hui disparu ou tout au moins sont fort appauvries. Il est curieux de constater l'absence complète de la Moule (*Mytilus edulis*), dans toutes les fouilles romaines ; c'est pourtant, de tous les coquillages comestibles de la faune actuelle, l'espèce aujourd'hui la plus commune et la plus répandue sur nos côtes méditerranéennes.

(2) Nous apprenons, au moment de mettre sous presse, par M. Aymard, le savant directeur du Musée du Puy-en-Velay, que des débris d'Huîtres provenant de l'époque romaine ont été retrouvés jusque dans l'Auvergne, au voisinage des routes et des tombes qui les bordaient.

(3) D'après les goûts du jour et les habitudes de la Provence, nous classerons ces différentes espèces ainsi qu'il suit :

Espèces normalement comestibles : *Helix pomatia*, *H. pyrgia*, *Tapes decussata* (clovisse), *Venus verrucosa* (double praire), *Ostrea edulis*, *O. lamellosa*.

Espèces accidentellement comestibles : *Cardium tuberculatum*, *C. echinatum*, *C. edule* (comestible surtout dans l'Océan et la Manche ainsi que l'espèce suivante) *C. Lamarcki*, *Pectunculus violacescens*, *P. glycimeris*, *P. pilosus*, *Pecten maximus* (même observation), *P. Jacobæus*, *P. glaber*, *Spondylus gæderopus*.

Espèces non comestibles ou rarement comestibles : *Cypræa tigris*, *Murex brandaris*, *M. trunculus*.

friands des *fruits de la mer* (1). Ils avaient, notamment pour les Huîtres, un faible tout spécial. Il n'y a donc rien d'étonnant à ce que nos premiers habitants de Lugdunum essayassent de se procurer ce précieux Mollusque pour satisfaire la gourmandise des plus raffinés parmi leurs gastronomes. Tous ces débris ont été découverts dans le voisinage d'une voie romaine, la route des Arvernes, et l'on a pu voir qu'en ce point la route était bordée de nombreux tombeaux, dont quelques-uns de la plus haute importance. Avec les Mollusques, n'a-t-on pas recueilli également des milliers d'os de bœuf, de mouton, de porc ou de sanglier ? Tous ces débris de cuisine, véritables kjökkenmödings, provenaient donc des reliefs de festins funéraires pratiqués dans quelques-unes de ces *popina* ou *caupona,* restaurants et tavernes, où parents et amis venaient chanter en festoyant les louanges du mort (2). Les Huîtres, dont nous retrouvons de si nombreux débris, ont donc dû être consommées sur place, et leurs coquilles vides rejetées dans quelque voirie voisine, avec les os et ces débris de vaisselle que se disputent aujourd'hui les nombreux amateurs de bibelots antiques.

Mais si, de nos jours, au bord de la mer, les pêcheurs savent trier avec le plus grand soin, d'abord par espèces, puis ensuite par grandeur, les Mollusques qu'ils expédient sur nos marchés, les *piscatores* des premiers siècles se donnaient sans doute moins de mal, et glissaient, avec les Huîtres, des Spondyles, des Peignes et quelques autres bivalves. C'est ainsi, croyons-nous, qu'il faut expliquer la présence de quelques-uns de ces Lamellibranches (3) qui accompagnent les Huîtres dans la nécropole de Trion.

(1) A. Locard, 1884, *Histoire des Mollusques dans l'Antiquité*, p. 199.
(2) Claude Guichard, 1581, *Funérailles*, p. 30.
(3) Les auteurs latins parlent des *Pecten* de Tyndaris, de Salone, d'Actium et de l'île de Pharos près d'Alexandrie ; mais nous ne savons pas

Les coquilles de certains bivalves servaient cependant à des usages particuliers. Nous savons par MM. Allmer et Dissart que la valve supérieure d'un beau *Pecten maximus* a été trouvée dans un sarcophage vraisemblablement antérieur au Ve siècle. Cette coquille, percée d'un trou à la partie supérieure, servait sans doute d'amulette, et était déposée sur le mort à la façon des coquilles du pèlerin au moyen âge. Nous nous sommes souvent demandé ce que signifiaient ces valves de *Pecten* portées par les pèlerins sur leur poitrine ou suspendues à leurs bourdons, mais sans trouver une solution bien satisfaisante.

Les Mollusques, dès les premiers âges de l'ère chrétienne, étaient un symbole de la résurrection (1). L'Escargot, en effet, lorsqu'il veut hiverner, s'enferme dans sa coquille qui lui sert de tombeau, et se clôt d'une porte ou opercule; lorsque revient la saison tiède du printemps, il brise lui-même la porte de son cercueil, et semble renaître à la vie plus fort qu'auparavant.

Mais ici il s'agit d'un Gastéropode terrestre operculé, et de là à un Lamellibranche, il y a loin. Ne paraît-il pas plus logique d'admettre que la valve creuse d'un *Pecten* servait

qu'ils aient jamais fait allusion au *Pecten* de Provence. Au point de vue gastronomique, les Grecs faisaient plus de cas de ce mollusque que de l'Huître; les Romains, au contraire, préféraient de beaucoup ce dernier coquillage.

Les Lamellibranches paraissent cependant mieux connus, chez les anciens, au point de vue générique, que les Gastéropodes. Parmi les coquilles marines, Pline cite au moins dix-sept espèces, tandis qu'il n'indique qu'une huitaine de Gastéropodes. Parmi les genres qui nous intéressent nous trouvons : *Purpura, Murex*, *Venus* (*Concha Veneris*), *Chama glycimeris*, *Spondylus*, *Ostrea* et *Pecten*. — *Vide:* A. Locard, 1884, *Hist. Moll. Antiquité*, p. 154.

(1) M. le comte Auguste de Bastard, 1850, *In Bull. des Comités hist. archéol., etc.*, p. 173 a donné la copie de vignettes des XIIIe et XVe siècles, où, à côté de la résurrection de Lazare, est figuré un escargot sortant de sa coquille.

tout simplement au pèlerin à puiser l'eau qui devait étancher sa soif durant ses longues pérégrinations ? Cette même coquille ne pouvait-elle pas aussi se transformer en modeste escarcelle pour recevoir les généreuses offrandes que les âmes charitables donnaient au pieux pèlerin pour qu'il ne les oubliât pas dans ses prières ? Ainsi s'expliquerait logiquement la présence des valves de coquillage dans les tombeaux romains ; ce primitif instrument devant être au mort d'un précieux secours durant le long voyage qu'il allait entreprendre à travers l'éternité.

La coquille creuse pouvait également servir à d'autres usages. Dans une satire de Juvénal, le *Parasite,* nous trouvons une allusion assez singulière aux coutumes funéraires mises en pratique chez les Romains :

Sed tibi dimidio constrictus cammarus ovo
Ponitur, exigua feralis cœna patella (1).

« A toi l'on sert un petit Crabe farci d'une moitié d'œuf, modeste apprêt d'un repas usité pour les morts. »

Que vient faire ici le *Cammarus?* N'a-t-il pas dû, plus d'une fois, être remplacé par un animal de même origine, le Mollusque par exemple, avec lequel les anciens l'ont trop souvent confondu ? Puis, cette offrande se faisait dans une *patella* ; or rien ne nous représente mieux ladite *patella* que la valve creuse d'un coquillage.

Il est également, dans les cérémonies mortuaires, un autre usage que nous devons rappeler. Sur la tombe des jeunes Athéniens morts avant le mariage, on avait coutume de déposer un vase, une aiguière pleine d'eau, pour rappeler que le défunt n'avait pas pris part à la cérémomie de l'ondoiement nuptial (2). Cet usage se perpétua chez les Romains, et nous

(1) Juvénal, *Sat.* V, *Vers* 84.
(2) Claude Guichard, 1581, *Funérailles*, p. 279.

le voyons également mis en pratique à Lyon, comme l'attestent ces splendides aiguières ou burettes recueillies dans la nécropole de Trion. Qui nous dit que pour le pauvre un tel vase ne fut pas remplacé économiquement par la valve creuse d'une coquille, sortie elle-même du sein des eaux, par cette *patella* dont nous venons de parler (1) ?

Enfin ces mêmes coquilles pouvaient également être utilisées dans l'art culinaire. Est-il plus simple et plus gracieuse petite écuelle que la valve creuse d'un coquillage ? Ne voit-on pas encore aujourd'hui sur les tables les mieux servies ces élégantes coquilles servant à apprêter certains mets gratinés composés des chairs les plus délicates (2) ? Il est donc fort probable que si les innombrables quantités d'Huîtres que nous trouvons aujourd'hui à Trion ont été consommées sur place, les valves plus creuses des autres Acéphales ont dû servir soit dans les cérémonies funéraires, soit encore à des usages domestiques.

Mais quel rôle attribuer aux Gastéropodes ? Ici le champ des conjectures s'élargit davantage et semble demeurer illimité. Y avait-il donc à Trion ou dans le voisinage quelque amateur, nous n'osons pourtant pas encore le qualifier de naturaliste, ayant eu la curiosité de collectionner ces singulières coquilles ? C'est possible. Sans y attacher plus d'importance, combien de personnes, encore aujourd'hui, ne conservent-elles pas bien en vue, sur les rayons d'une étagère, quelques-uns de

(1) Comment expliquer autrement la présence, à Trion, de ces quantités de grandes coquilles de *Pecten* et de *Cardium ;* ces espèces sont, à la rigueur, comestibles ; mais elles sont bien loin de valoir les Huîtres ; en outre, la forme creuse de leurs valves a dû nécessairement les désigner comme un utile et économique réceptacle.

(2) Les Romains se servaient, comme instruments de cuisine, de petites coquilles en métal imitant la forme des coquillages méditerranéens ; on en a retrouvé dans différentes fouilles des environs de Rome et de Naples.

ces jolis coquillages récoltés dans les mers lointaines ou même sur celles de nos plages qu'elles ont visitées ? Les Romains d'alors, tout aussi bien que les mortels d'aujourd'hui, ont pu garder précieusement quelques-uns de ces Mollusques si singuliers à leurs yeux, bariolés des plus riches couleurs, armés d'épines ou de piquants, véritables jeux de la nature.

Nous savons bien qu'à la rigueur, les animaux de ces *Murex* pouvaient être mangés ; mais quelle pauvre et maigre pitance (1) ! Nous savons bien également que c'est avec la chair écrasée de ces mêmes coquillages que l'on teignait en pourpre les tissus des anciens. Mais si nous avions déjà à cette époque le premier des canuts Lyonnais dans la personne de *Constantinius Aequalis*, le célèbre *Barbaricarius* qui tissait avec des fils d'or pur avant que l'on sût utiliser à Lyon le fil du ver à soie, nous n'osons cependant pas en conclure qu'il existait aussi loin de la mer des ateliers de teinture (2).

Quant aux Hélices, leur rôle est tout trouvé. On devait les consommer alors comme aujourd'hui (3) ; et sans doute si le riche pouvait s'offrir sur sa table des Huîtres venues à grands frais de l'*internum mare,* le pauvre devait se contenter de l'humble Mollusque de nos pays vendu sur nos marchés sous le nom d'escargot de Bourgogne, quoique la plupart du temps il provienne en réalité du Lyonnais, du Dauphiné ou du Jura. Mais il est une remarque que nous tenons à consigner ici. Dans toute la série des fouilles de Trion, nous n'avons

(1) « La chair de la Pourpre a une odeur fétide et fait une mauvaise nourriture ; mais en la faisant cuire dans le bouillon avec de petites herbes, force cannelle et force poivre, elle perd sa mauvaise odeur et devient mangeable ». (M. de Cubières, 1799, *Hist. abr. coq. mer*).

(2) Le *Notitia dignitatum* indique bien à Lyon un *gynacium* (atelier de tissage), mais il ne signale pas de *bophium* (atelier de teinture).

(3) Pétrone nous apprend (*Sat.*, LXX, 7) que Trimalchion se faisait servir des Escargots sur un gril d'argent : « *Trimalcion in craticula enim argentea cochleas attulit.* »

pas observé un seul *Helix aspersa* (1), tandis que de nos jours cette espèce est si communément répandue dans toute la région, plus répandue même que l'*Helix pomatia*. C'est qu'en effet l'*Helix aspersa* ne vivait pas dans nos pays à l'époque Romaine. L'histoire de ces deux grandes espèces est assez singulière.

L'*Helix pomatia*, si commun à l'époque quaternaire en Allemagne et en Autriche, faisait défaut dans le bassin du Rhône à cette même époque. Nous le voyons apparaître pour la première fois dans les dépôts préhistoriques de la vallée de la Saône (2), pour devenir ensuite plus commun à l'époque Romaine et abonder plus tard, malgré la chasse incessante qu'on lui fait de nos jours. L'*Helix aspersa*, au contraire, un peu méprisé dans nos régions par les fins dégustateurs de Mollusques, apparaît d'abord dans le quaternaire d'Italie et d'Algérie ; il semble n'avoir été introduit en France qu'au moyen-âge par les moines des couvents qui l'auraient importé d'Italie pour l'élever dans leurs escargotières, à titre d'aliment maigre.

Mais il est, dans notre liste, une coquille fort curieuse, et dont la présence peut donner naissance à des interprétations assez singulières. Nous voulons parler du *Cypræa tigris*. Cette espèce, comme on le sait, est exclusivement exotique et appartient à la faune de la mer des Indes. Comment expliquer sa présence à Lyon ? Nous avons toujours la ressource de faire intervenir ici le Romain amateur qui collectionne précieusement un objet de la nature à la fois rare et curieux. Mais cette même coquille et quelques-unes de ses congénères ont joué chez les Latins un tel rôle que nous ne pouvons nous empêcher d'en rappeler ici les principaux traits.

(1) *Helix aspersa*, Müller, 1774, *Verm. terr. fluv. hist.*, II, p. 59.
(2) Locard, 1882. *Et. malac. dépôts préhistoriques vallée de la Saône*, p. 16.

De même que certains fruits comme la pêche, la prune, l'abricot sont plus particulièrement symboliques dans le culte du dieu de Lampsaque, parce qu'ils rappellent, plus ou moins, les parties sexuelles, de même aussi les coquilles du genre *Cypræa*, sous prétexte que leur ouverture a quelque analogie avec les organes génitaux de la femme, étaient considérées dans l'antiquité comme symbolisme de la puissance génératrice de la nature. De là le nom de *Concha Veneris* qui lui fut longtemps donné. Nous savons également que les petites coquilles des *Cypræa europæa* (1) et *C. pulex* (2) si communes sur les côtes de France et d'Italie, étaient portées sous forme de colliers et d'amulettes à la façon de ces bulles romaines ou de ces lunules grecques que Varron nommait *res turpicula* (3) et que l'on pendait au cou des enfants à l'époque de la puberté : ce sont ces mêmes coquilles que l'on désigne vulgairement et très communément sur toutes nos côtes sous le nom de *pucelages*.

Mais le *Cypræa tigris* venant de beaucoup plus loin et, partant, étant beaucoup plus rare, devait nécessairement avoir, aux yeux des Romains, une bien plus grande valeur. C'est précisément cette même coquille que l'on adorait dans le temple de Gnide (4), c'est elle également que l'on portait en triomphe durant les fêtes priapiques, concurremment avec le *phallus* (5). Faut-il conclure de là que de telles fêtes ont été célébrées à Lyon à une époque déjà bien ancienne ? Nous n'osons l'affirmer jusqu'à preuve plus complète.

(1) *Cypræa europœa*, Montagu, 1808, *Test. brit.*, *suppl.*, p. 88.

(2) *Trivia pulex*, Solander, *In Gray*, *Monogr.*, *in Zool.*, *journ.*, III, p. 368.

(3) *Pueris turpicula res in collo quidam suspenditur.*

(4) Marquis de Cubières, 1799. *Hist. abr. coq. de mer*, p. 78.

(5) Richard Pagne Kinght, *Le culte de Priape et ses rapports avec la théologie mystique des anciens*, p. 14.

Nous avons cru cependant devoir signaler un tel fait laissant à d'autres plus experts le soin d'élucider la question (1).

Mais comment tous ces Mollusques marins sont-ils venus jusqu'à Lyon ? Leur nombre, nous l'avons dit, était très grand ; certaines espèces, à en juger par leurs débris, ont dû être consommées par milliers. De quels moyens de transport a-t-on dû faire usage pour que l'on pût déguster sur la colline de Fourvière des Huîtres fraîches aux premiers siècles de notre ère, alors qu'aujourd'hui, même avec nos chemins de fer et nos bateaux à vapeur, nous avons parfois bien de la peine à obtenir ce délicat Mollusque avec l'état voulu de sa fraîcheur première. Tout simple qu'il paraisse, le problème est encore bien complexe, du moins au premier abord (2).

Les anciens, et plus particulièrement les Romains, étaient, comme nous l'avons dit, très friands d'Huîtres. Ils en faisaient une prodigieuse consommation et en étaient arrivés à priser plus ou moins les Mollusques de telle ou telle provenance.

Juvénal, à propos du célèbre Montanus, l'intendant des festins de l'empereur Néron, nous dit à ce sujet (3) :

> Nulli major fuit usus edendi
> Tempestate mea. Circœis nata forent, an
> Lucrinum ad saxum, Rutupinove edita fundo,
> Ostrea, callebat primo deprendere morsu.

« Nul, de notre temps, n'eut le goût plus exercé : si une

(1) Il est à remarquer que le nombre des sujets phalliques trouvés dans nos pays est relativement très restreint.

(2) Lorsqu'il s'agit de transporter au loin le poisson, le problème est moins difficile. De tous temps, on a su lui faire parcourir d'assez grandes distances avant de le servir sur nos tables. Outre les précautions bien connues qui consistent à le vider immédiatement puis à garnir ses ouïes et la place de ses intestins de certains aromates, il suffit de lui faire subir sur place une très légère cuisson ; comme le disent nos cuisiniers, on le fait préalablement revenir, sauf à le faire définitivement cuire lorsqu'il est arrivé au lieu de consommation.

(3) Juvénal, *Sat.* IV, *Vers* 134.

Huître était de Circé, du rocher de Lucrin ou du bassin de Rutupe, il le distinguait à merveille du premier coup de dent. » Chanté, tour à tour, par les poètes et les prosateurs, nous voyons ce savoureux Mollusque toujours à la table des grands et des riches.

Mais, si à Rome et dans la campagne environnante, la consommation des Huîtres du lac Lucrin ou du lac Fusaro était chose facile et toute naturelle, il n'en est plus de même lorsqu'il s'agit de les faire venir de lointains rivages. Or, c'est parfois à de très grandes distances qu'on allait les pêcher. Nous ne saurions mieux faire que de citer ici certain passage d'une lettre d'Ausone où sont successivement énumérées toutes les espèces d'Huîtres connues et consommées avant le troisième et le quatrième siècle :

« Et d'abord, dit-il, les plus estimées entre toutes, d'après moi, sont celles que nourrissait l'Océan des Médules (1), appelées Huîtres de Bordeaux, que leur réputation a portées jusque sur la table des Césars et qui ne valent pas moins que les vins de ce pays. Ces Huîtres méritent assurément la première place et l'emportent de beaucoup sur toutes les autres. Leur chair est des plus succulentes, elle est d'un blanc de neige, très tendre ; à la douceur de leur suc se mêle la saveur de l'eau salée. Après celles-ci viennent les Huîtres du littoral de Marseille à Port-Vendres ; puis celles de la mer d'Abydos dans l'Hellespont, et celles du golfe de Baies ; viennent ensuite celles qui, recouvertes du sel de la Saintonge, sont connues chez les Illyriens, où elles sont protégées par des amas d'Algues

(1) D'après Vinet, savant commentateur et compatriote d'Ausone (*In Auson*, 1580), le pays des Médules est situé au-dessus de Bordeaux, et forme une péninsule entre l'Océan et le fleuve Garonne. « La renommée des Huîtres des Médules arriva jusqu'aux empereurs romains, dont quelques-uns, Valentin et Gratius, manifestèrent leur préférence pour les produits de cette localité (Fischer, 1865, *Faune conch. marine Gironde*, p. 17).

déposées en cet endroit; elles ont des coquilles rudes, mais leur chair est très douce. Il en est qui vantent les Huîtres de la mer armoricaine et celles des rivages du Poitou et celles encore du beau golfe Calédonien. A la suite viennent les Huîtres des rivages de Byzance dont la renommée est toute récente, puis celles que l'on rencontre dans les eaux agitées de la Propontide, d'où elles ont tiré leur nom (1). » Et l'auteur a soin d'ajouter : « Si je t'en parle si savamment, ce n'est point comme poète, ni comme historien, ni comme un gourmand qui a parcouru l'univers, mais simplement d'après la tradition. »

Déjà, avant Ausone, Pline avait parlé des Huîtres de Bretagne, du Médoc, de l'Espagne, de la Tripolitaine et de l'Asie-Mineure (2). On voit jusque dans quels lointains pays on allait alors puiser les éléments onéreux d'une gastronomie singulièrement raffinée (3). Nous comprenons, à la rigueur, que les Huîtres du golfe de Gascogne, ou même celles encore plus lointaines de la Bretagne, pussent arriver très fraîches jusqu'à Rome ; il suffisait sans doute, pour cela, de les parquer dans une bâche percée de trous qu'un navire remorquait en doublant les côtes du Portugal et de l'Espagne. Certes, c'était là un mode de locomotion assez long et assez dispendieux, et qui devait singulièrement grever le prix de revient de la marchandise ; le gourmand satisfait y regardait-il de si près ?

Mais, lorsqu'il faut quitter la mer et faire remonter, de la Méditerranée jusqu'à Lyon, des Huîtres fraîches, le problème

(1) Ausonius, *Epistolæ : Ausonius Paulo*, IX.

(2) Pline, *Hist. nat.*, lib. XXXII, cap. XX, 4.

(3) Malgré la grande consommation d'Huîtres de Provence faite par les Romains, nous ne pensons pas cependant qu'il faille, comme l'ont prétendu quelques auteurs, lui attribuer exclusivement le dépeuplement ostréïcol de nos côtes. On voit qu'à cette époque les Huîtres de Provence n'étaient pas celles qu'ils préféraient, et que c'est plutôt par goût, ou par raffinement, qu'ils allaient les pêcher bien plus loin.

paraît plus difficile. Deux modes de transport seuls étaient possibles : par voie de terre au moyen des routes, ou par le Rhône qu'il s'agissait de remonter.

Les routes étaient, du temps des Romains, peut-être encore mieux faites qu'aujourd'hui ; mais c'est un élément de locomotion toujours long et parfois peu pratique ; puis, l'Huître, avec son eau et sa coquille, est un colis bien lourd et relativement fragile. Du temps de Jules César, le service postal était déjà très habilement combiné, et les 350 kilomètres qui séparent Lyon de Marseille, par exemple, étaient franchis assez rapidement par un courrier à cheval. Mais ces premiers facteurs se seraient-ils volontiers chargés d'une bourriche d'Huîtres ? nous en doutons quelque peu.

Le Rhône, au contraire, comme nous l'apprend Strabon, malgré la rapidité de son courant, malgré la multiplicité de ses bras en certains points, et l'absence de tout chemin de halage, a toujours été plus ou moins facilement navigable ; par les inscriptions funéraires, conservées à Lyon, nous savons qu'il existait à cette époque une puissante corporation de Nautonniers qui devaient effectuer d'importants transports par voie d'eau. Nos Huîtres, chargées sur place dans des chalands, pouvaient donc assez aisément remonter le Rhône jusqu'à Lyon, malgré la rapidité du courant. La route est un peu longue, sans doute, et non exempte de difficultés à vaincre, mais c'est peut-être là le mode le plus sûr et le plus expéditif ; rien de plus facile, dans ce cas, que de transporter, en même temps, quelques amphores pleines d'eau de mer pour rafraîchir et baigner, de temps en temps, ces délicats Mollusques.

Pline nous enseigne qu'un certain Apicius avait un secret pour conserver les Huîtres et leur faire franchir de grandes distances. C'est ainsi, paraît-il, que durant les guerres des Parthes, il en envoya de Rome à Trajan alors en Perse, et qu'elles lui parvinrent, dit-on, aussi fraîches que si elles venaient d'être retirées des eaux qui les baignaient ! Hélas, un tel secret n'est point parvenu jusqu'à nous... Et l'on sait quelles précautions il faut prendre lorsque l'on veut faire voyager des Huîtres. Il convient de les choisir avec des valves épaisses et un peu profondes, parce qu'elles renferment plus d'eau ; les valves doivent être aussi bien closes que possible, dans le but d'empêcher toute déperdition de cette même eau ; enfin, il faut, autant que faire se peut, les tenir bien au frais. C'est ainsi que l'Huître de Portugal, l'*Ostræa cochlear* (1), avec sa valve creuse et profonde, supporte beaucoup mieux les voyages et se conserve plus longtemps fraîche que la petite Huître d'Ostende avec ses valves plates ; de là, le mode d'emballer les Huîtres dans de hautes bourriches soigneusement ficelées ; de là aussi l'utilité de cet énorme caillou que l'on place sur les bourriches entamées et qui souvent sert d'enseigne à nos restaurateurs.

Ainsi aménagée, l'Huître peut se conserver fraîche assez longtemps, plus longtemps même qu'on ne le croit généralement, et surtout que n'osent l'avouer les vendeurs lorsqu'ils livrent leur marchandise à de trop crédules consommateurs. Dans une thèse, soutenue, en 1858, par M. Charles Ozenne (2), devant la Faculté de Paris, nous relevons ce qui suit : « M. Hamon, dans un été très chaud, alla de Cancale à Rochefort ; il laissa à Nantes une manne d'Huîtres qu'il avait entamée ; son voyage dura dix-sept jours ; en repassant par Nantes, il retrouva ses Huîtres vives, fraîches et saines, quoiqu'elles eussent passé ce temps hors de l'eau dans un panier. Il en rapporta même une partie à Cancale pour compléter

(1) *Ostrea cochlear*, Poli, 1795, *Test. utr. Sic.*, II, pl. XXVIII, p. 28.
(2) Charles Ozenne, *Essai sur les Mollusques considérés comme aliments*, p. 45.

l'expérience; il les plaça dans un parc, où elles prospérèrent » (1).

Pour élucider définitivement pareil sujet, nous nous sommes livré à une véritable enquête auprès de bon nombre de marchands. Avant la consommation, toutes les Huîtres étaient invariablement arrivées la veille ou l'avant-veille; mais une fois la bête mangée et la note payée, ils avouaient sans peine que, suivant la saison et surtout suivant les précautions prises, on pouvait, avec quelques soins, conserver facilement dix, douze et même quinze jours des Huîtres suffisamment fraîches; devant un tel résultat, il nous semble que le problème des Huîtres transportées au loin se simplifie singulièrement.

Sans dire du mal de la délicatesse du palais de nos pères, ou de la finesse de leur goût, il est probable qu'il y a seize ou dix-huit siècles, ils étaient moins difficiles que nous sous le rapport de la fraîcheur des comestibles. Peut-être faisaient-ils comme ce bon Parisien du siècle dernier, qui préférait le goût piquant et ammoniacal de la marée un peu faite, à la saveur plus fine et plus subtile du poisson bien frais. Quoi qu'il en soit, il paraît certain qu'aux premiers siècles, les difficultés à vaincre résidaient plutôt dans les précautions à prendre pour la bonne expédition des Mollusques, que dans leur mode de transport en lui-même. Étant donnés les usages funéraires et domestiques des Romains, il n'y a donc plus rien de surprenant à ce qu'une faunule malacologique, aussi riche et relativement aussi variée que celle que nous venons de passer en revue, ait été importée, à une époque aussi éloignée, des bords de la Méditerranée jusque dans nos pays.

(1) *Agricult. parisien*, 1852, p. 546.

www.ingramcontent.com/pod-product-compliance
Lightning Source LLC
LaVergne TN
LVHW052034160826
845678LV00003B/1330

* 9 7 8 2 3 2 9 6 3 5 9 6 5 *